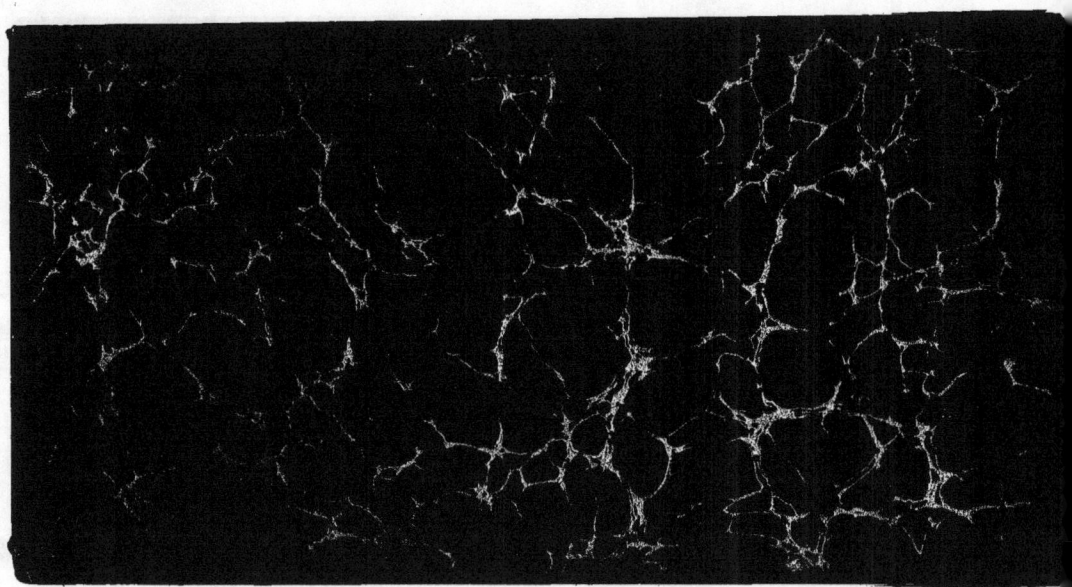

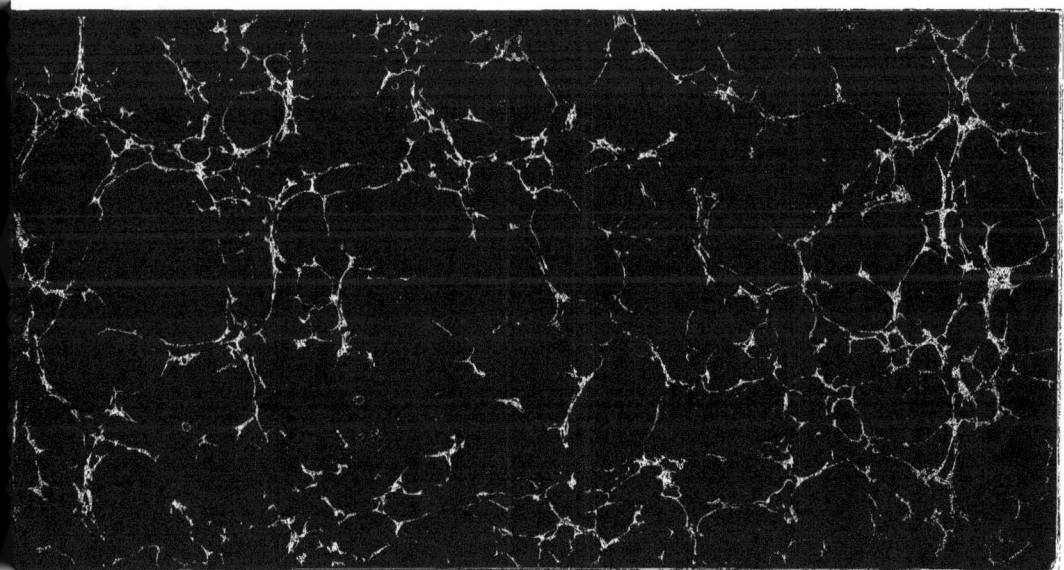

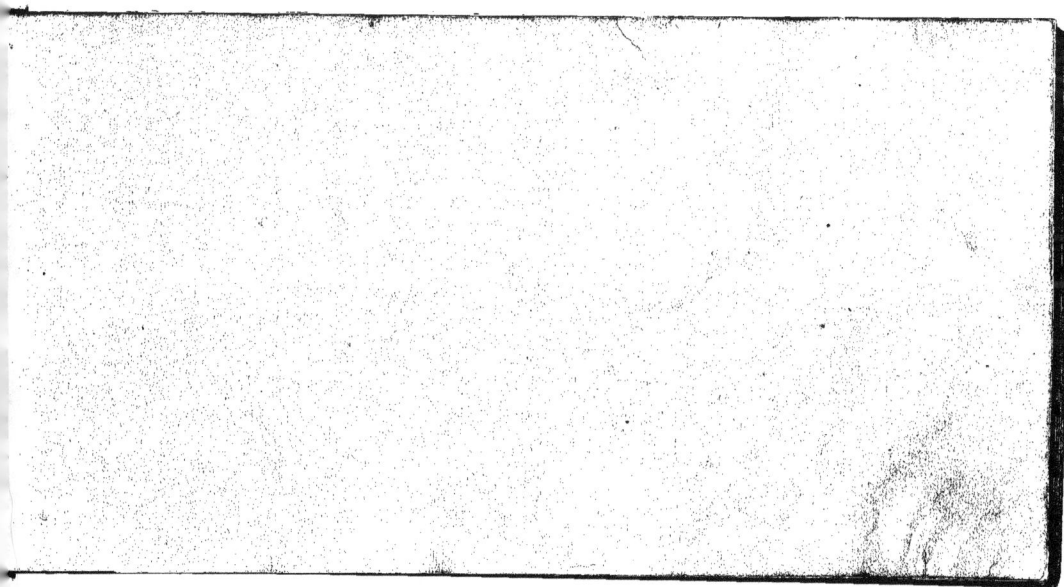

V

HISTOIRE

DE

L'ARCHITECTURE SACRÉE.

PUBLIÉ PAR GEORGES BRIDEL ÉDITEUR, A LAUSANNE.

ON PEUT SE PROCURER CET OUVRAGE AUX ADRESSES SUIVANTES:

GENÉVE. — Louis STEINER.

BASLE.	— Neukirch.	CHAMBÉRY.	— Puthod.
BERNE.	— Jent et Gassmann.	TURIN.	— Bocca.
LAUSANNE.	— Delafontaine et Cie.	FLORENCE.	— Vieusseux.
ZURICH.	— Meyer et Zeller.	ROME.	— P. Merle.

HISTOIRE

DE

L'ARCHITECTURE SACRÉE

DU QUATRIÈME AU DIXIÈME SIÈCLE

DANS LES ANCIENS ÉVÊCHÉS DE

GENÈVE, LAUSANNE ET SION

PAR

J. D. BLAVIGNAC

ARCHITECTE

MEMBRE DE PLUSIEURS SOCIÉTÉS SAVANTES.

PARIS

VICTOR DIDRON, LIBRAIRE, 13, HAUTEFEUILLE.

LEIPSIG

R. WEIGEL, LIBRAIRE.

LONDRES

JOHN RUSSELL SMITH, 36, SOHO SQUARE.

M DCCC LIII

L'ÉDITEUR SE RÉSERVE LE DROIT DE TRADUCTION ET DE REPRODUCTION

ATLAS

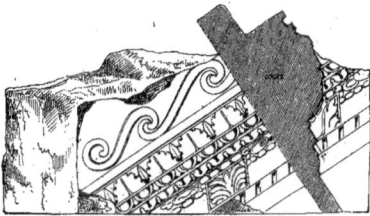

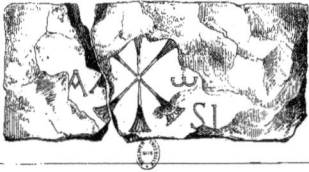

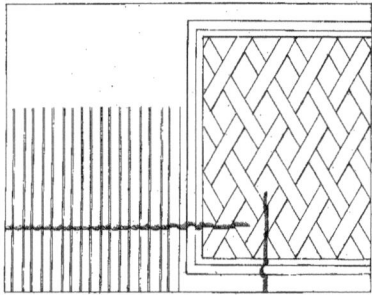

FRAGMENTS DE L'ÉCOLE GALLO-LATINE.

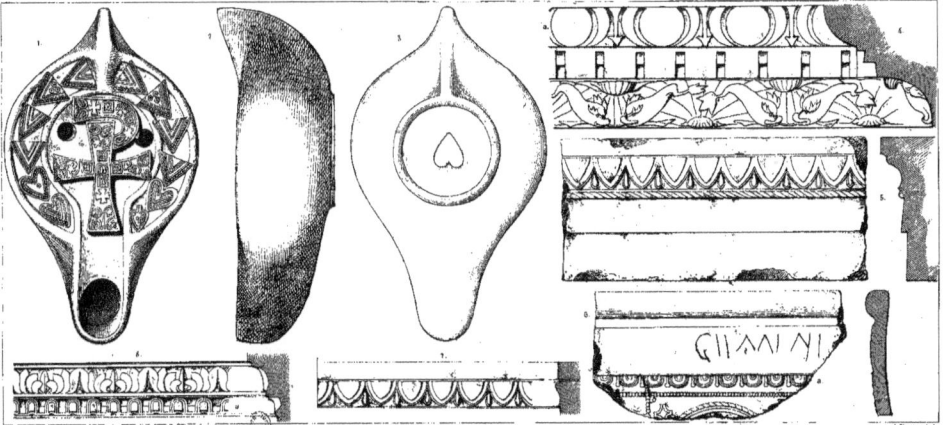

FRAGMENTS DE L'ÉCOLE GALLO-LATINE.

J. Blanchar, del.

FRAGMENTS DE L'ÉCOLE GALLO-LATINE.

J. B. Blavignac, Arch.

Pl. III.

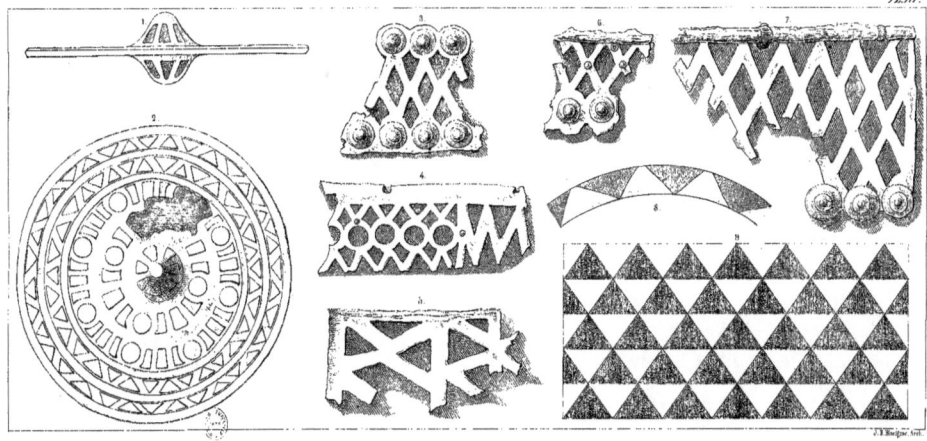

FRAGMENTS DE L'ÉCOLE GALLO-LATINE.

Pl. III Bis.

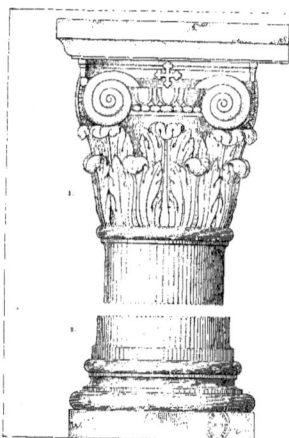

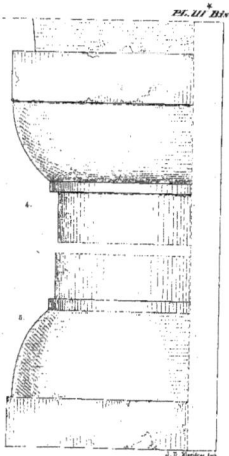

DÉTAILS DE L'ÉGLISE DE ST MAURICE.

ST FRESQUE DE VALÈRE.

MAIR·AVG·

FRAGMENTS D'ARCHITECTURE PROVENANT DES ANCIENNES ÉGLISES DE ST PIERRE-ES-LIENS À GENÈVE.

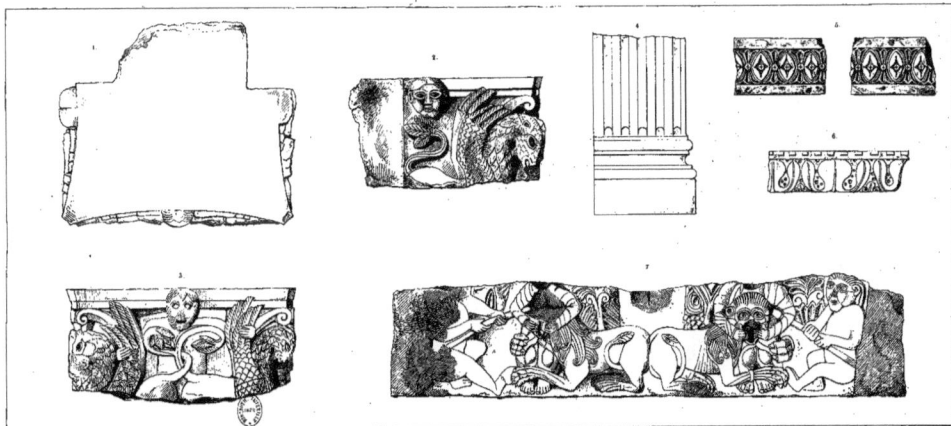

FRAGMENTS D'ARCHITECTURE PROVENANT DES ANCIENNES ÉGLISES DE ST PIERRE-ÈS-LIENS À GENÈVE.

Pl. VI.

STATUAIRE PRIMITIVE.

Pl. VII.

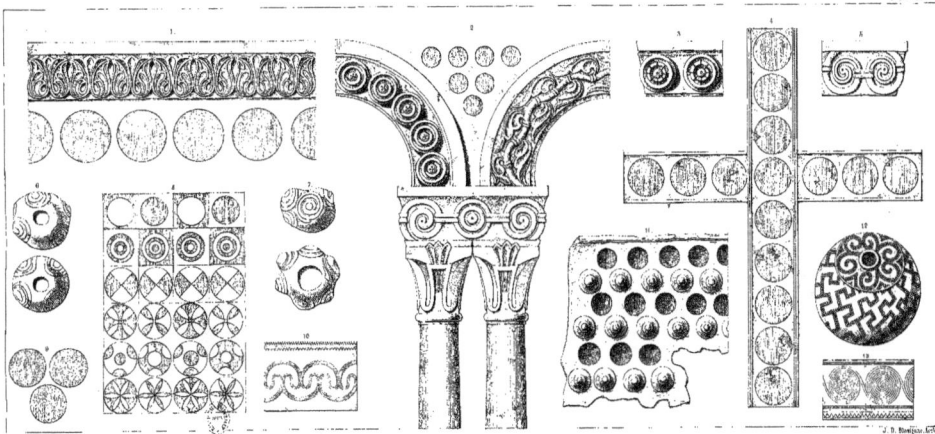

DÉCORATIONS DISCOÏDES.

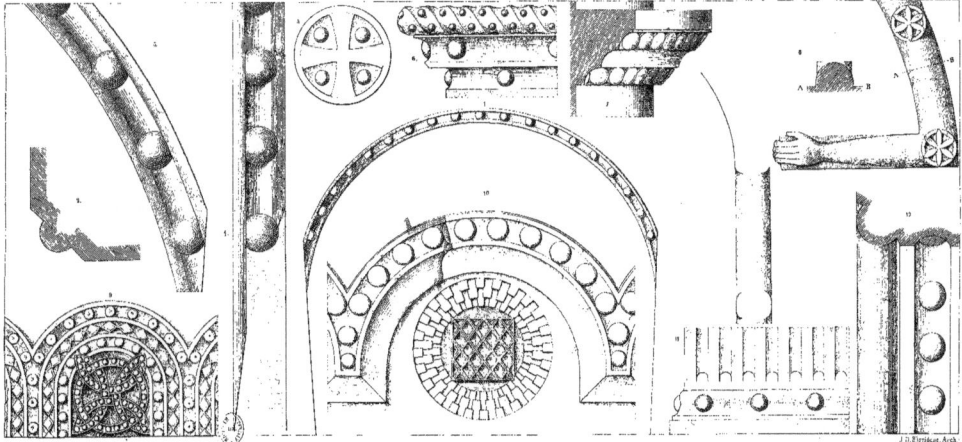

Pl. VII. Bis.

MOULURES SPHÉROÏDÉES.

J. D. Fürtique. Arch.

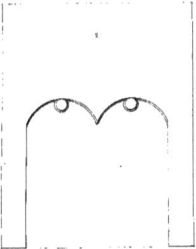

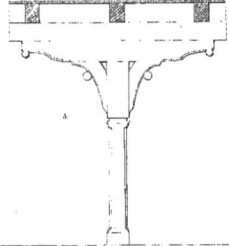

DISQUES SAILLANTS.

J. B. Honippar. Arch.

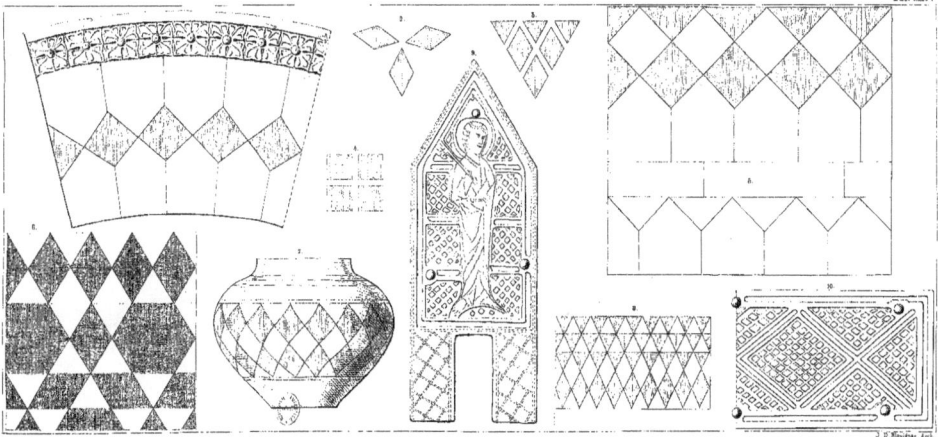

LOZANGES ET CARRÉS DÉCORATIFS.

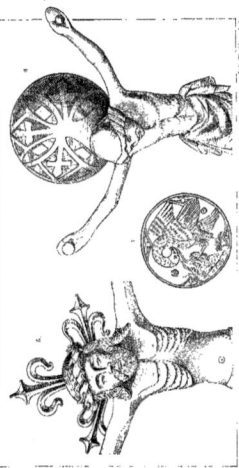

Pl. VIII bis.

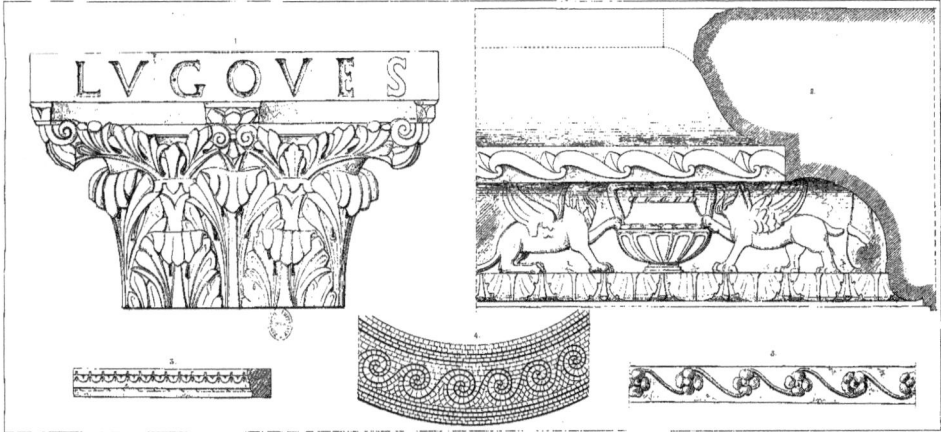

LVGOVES

J. D. Blanojon Jut.

FRAGMENTS GALLO-ROMAINS.

FRAGMENTS GALLO-ROMAINS.

Pl. X Bis.

FRAGMENTS GALLO-ROMAINS.

DÉTAILS DE L'ÉGLISE DE ROMAINMOTIER.

DETAILS DE L'ÉGLISE DE ROMAINMOTIER

Pl. XII. Bis.

DÉTAILS DE L'ÉGLISE ABBATIALE DE TOURNUS.

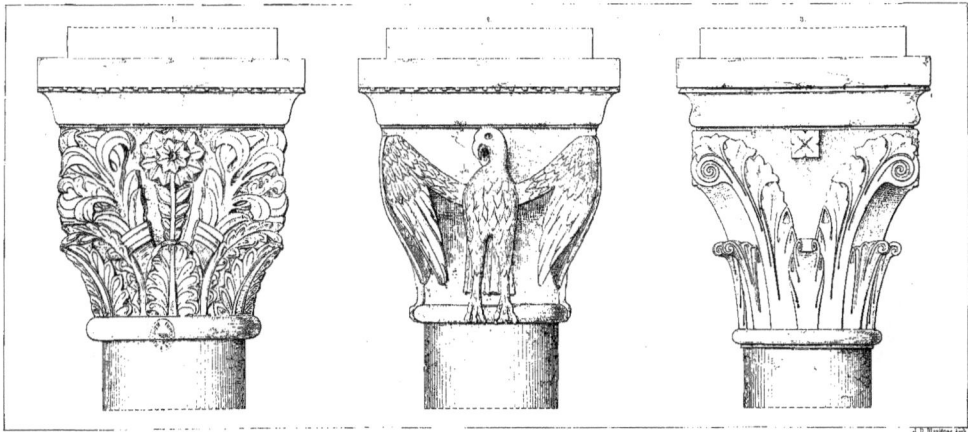

DÉTAILS DE L'ÉGLISE DE GRANDSON.

J. D. Nicolas, Arch.

DÉTAILS DE L'ÉGLISE DE GRANDSON.

J. B. Biceigor Arch.

Pl. XV.

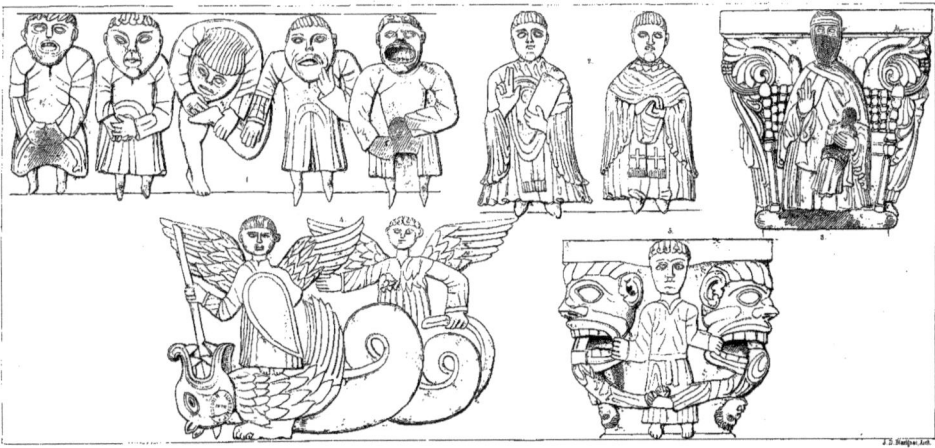

DÉTAILS DE L'ÉGLISE DE GRANDSON.

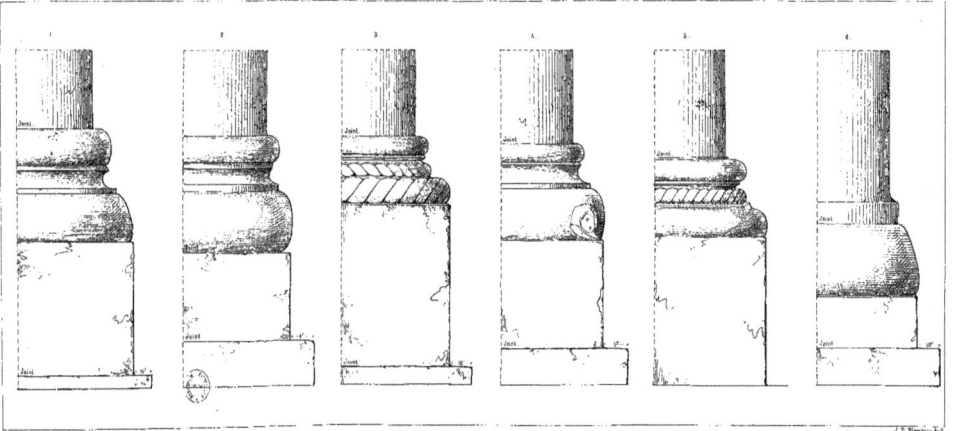

DÉTAILS DE L'ÉGLISE DE GRANDSON.

J.E. Heripar. Sc.

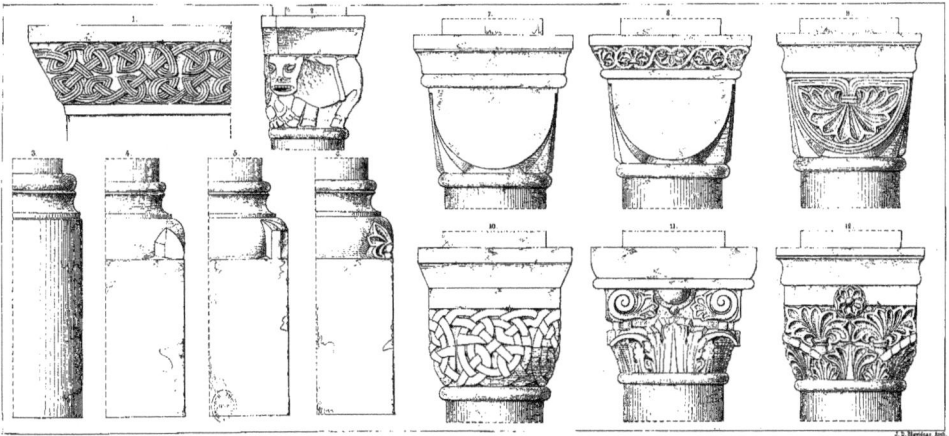

DÉTAILS DE L'ÉGLISE DE GRANDSON.

J. B. Merjeus. lith.

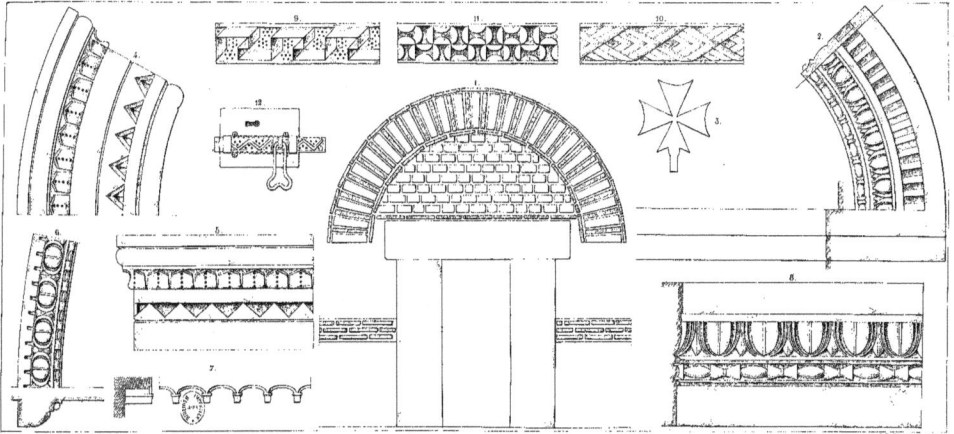

FRAGMENTS TIRÉS DE DIVERS MONUMENTS.

FRAGMENTS TIRÉS DE DIVERS MONUMENTS.

J. B. Blanque, Arch.

FRAGMENTS TIRÉS DE DIVERS MONUMENTS.

FRAGMENTS TIRÉS D'UN TABLEAU DE L'ÉGLISE N. D. DE VALÈRE.

ARCHE DANS L'ÉGLISE NOTRE-DAME DE VALÈRE.

DÉTAILS DU RELIQUAIRE D'ALTHEUS.

J. D. Blavignac, Arch.

Pl. XXIV.

DÉTAILS DU RELIQUAIRE DE LA PLANCHE XII.

J. D. Blévignac, delt.

DÉTAILS DE L'ÉVANGÉLIAIRE DE CHARLEMAGNE.

J. B. Rhéripsac Arch.

Pl. XXIX.

DÉTAILS DES VASES DU TRÉSOR DE St MAURICE CONTENANT LE SANG DES MARTYRS.

FRESQUE DE TOURBILLON ET DÉTAILS DU RELIQUAIRE DE SAINT BERNARD.

Pl. XXVIII.

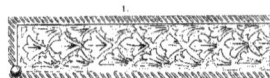

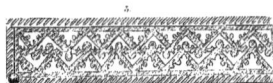

DÉTAILS DU RELIQUAIRE DE SAINT BERNARD.

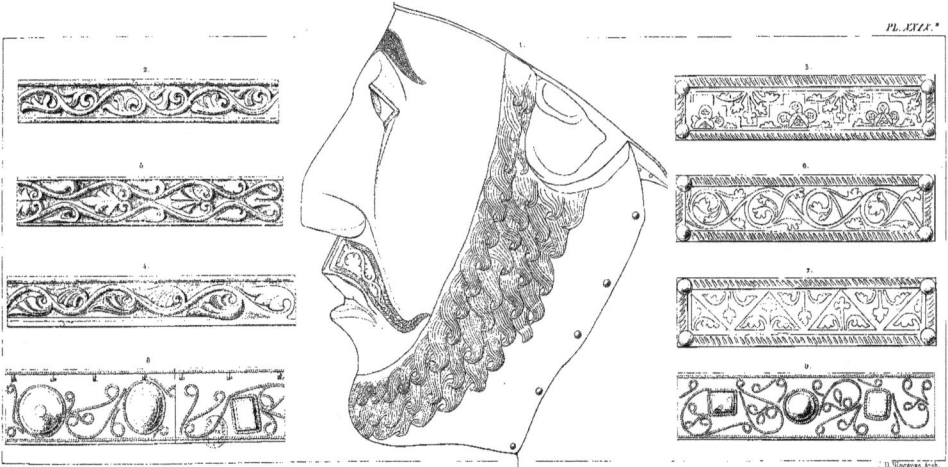

DÉTAILS DU RELIQUAIRE DE SAINT CANDIDE.

DÉTAILS TIRÉS D'UN ÉVANGÉLIAIRE GREC.

DÉCORATIONS PALÉOGRAPHIQUES DE L'ÉCOLE CAROLINGIENNE.

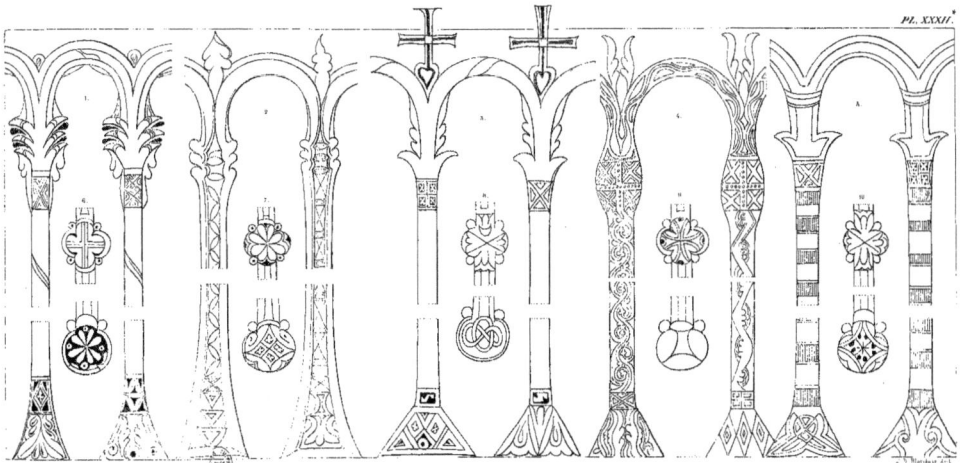

DÉCORATIONS PALÉOGRAPHIQUES DE L'ÉCOLE CAROLINGIENNE.

DÉTAILS TIRÉS DE LA BIBLE DE L'ÉVÊQUE FRÉDÉRIC.

DÉTAILS TIRÉS DE LA BIBLE DE L'ÉVÊQUE FRÉDÉRIC.

J.D. Blavignac, Arch.

Pl. XXXV.

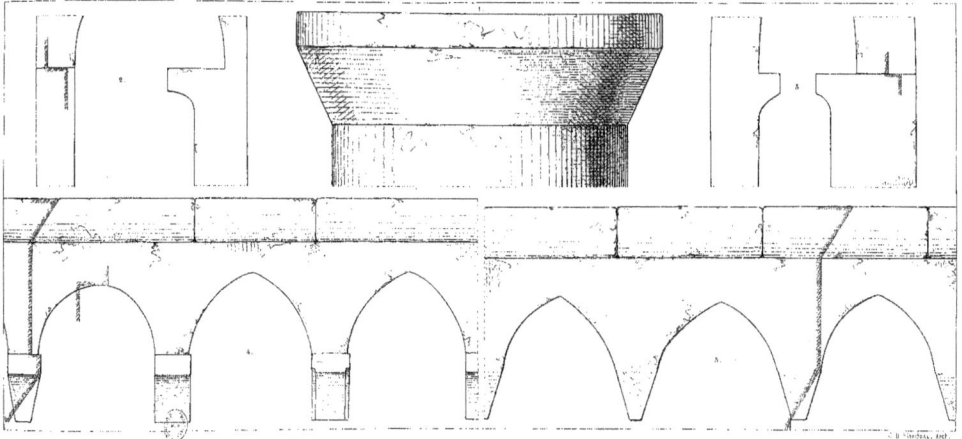

DÉTAILS DE L'ÉGLISE DE S¹ PIERRE DE CLAGES.

Pl. XXXVI.

DÉTAILS DE L'ÉGLISE ST PIERRE DE CLAGES.

LINTEAUX EN ACCOLADE.

Pl. XXXVIII.

DÉTAILS DU CLOCHER DE LA CATHÉDRALE DE SION.

DÉTAILS DU CLOCHER DE LA CATHÉDRALE DE SION.

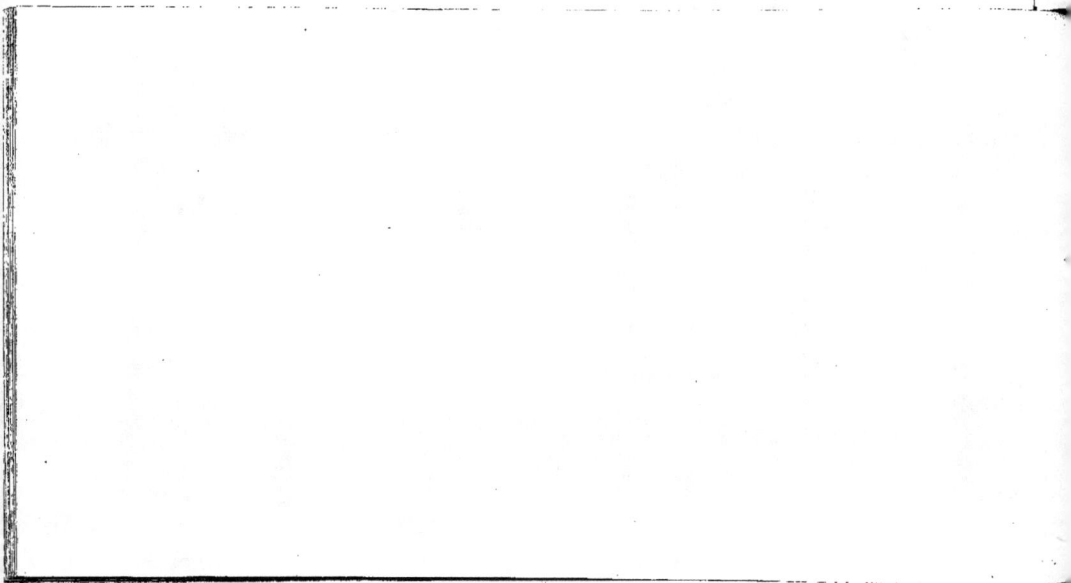

DÉTAILS DE L'ÉGLISE DE ST PAUL À VILLENEUVE.

J. T. Rempsier. del.

Pl. XLI.

ABADVS REX CLEMENTISS
EMOLVMENT O PROPRIO
SPATIOMVT ICAT

IN DNM. N FRAMBERTVS P. NE RECRA
VT bVN LABID MSVBQVREQISCVT FAM
LA D EVFRARIA M NACha

NON MERITS PRI E DR VTV
RAE VA LEAT PI ETAS QV
ET QVICVM QV ELE LIT D
SIM QVE SVIS PRAE LIBVS E
AD SIT ALMI FI CVS VICTO
PER PE TV IS VA LE AM
ANSE GISVS ERAM P
SIS MEMOR IP SE MEI

INSCRIPTIONS ANTÉRIEURES AU DIXIÈME SIÈCLE.

D. Bonfinet Arch.

Pl. XLII

DÉTAILS DE L'ÉGLISE E NOTRE-DAME À NEUCHATEL.

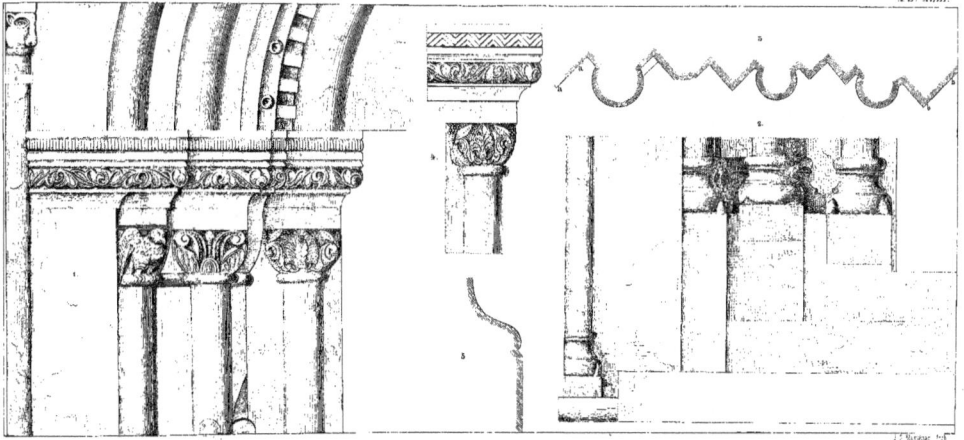

DÉTAILS DE L'ÉGLISE NOTRE-DAME À NEUCHATEL.

DÉTAILS DE L'ÉGLISE NOTRE-DAME À NEUCHATEL.

DÉTAILS DE L'ÉGLISE NOTRE-DAME À NEUCHATEL.

DÉTAILS DE L'ÉGLISE NOTRE-DAME À NEUCHATEL.

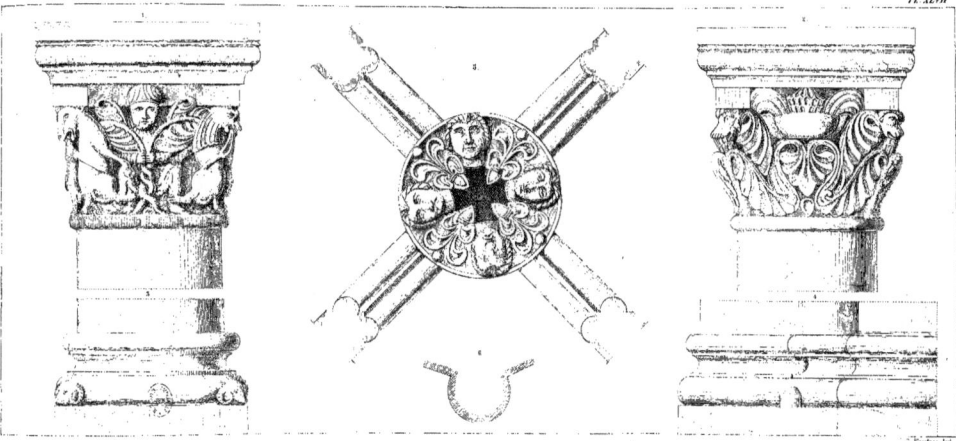

DÉTAILS DE L'ÉGLISE NOTRE-DAME À NEUCHATEL.

DÉTAILS DE LA CHAPELLE DE MDUXI.

Pl. XLIX.

DÉTAILS DE LA CHAPELLE DE MOUKI.

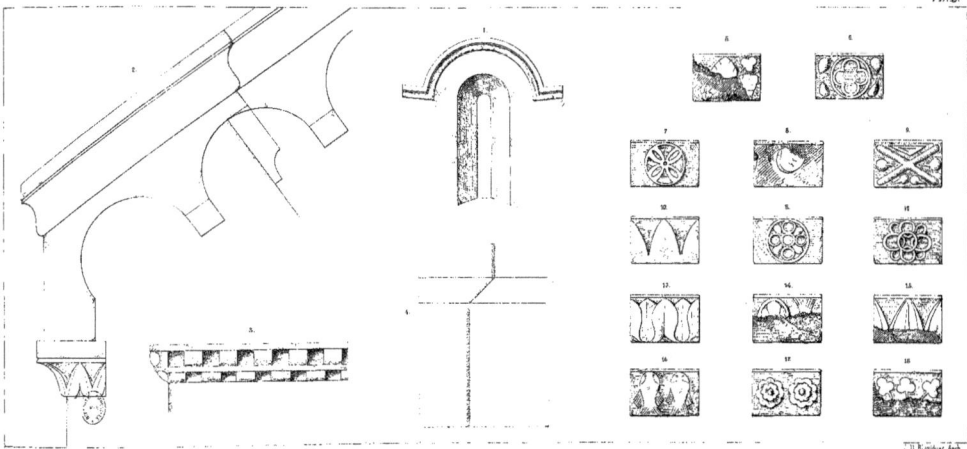

Pl. L.

DÉTAILS DE LA CHAPELLE DE MOUXI.

Pl. LI.

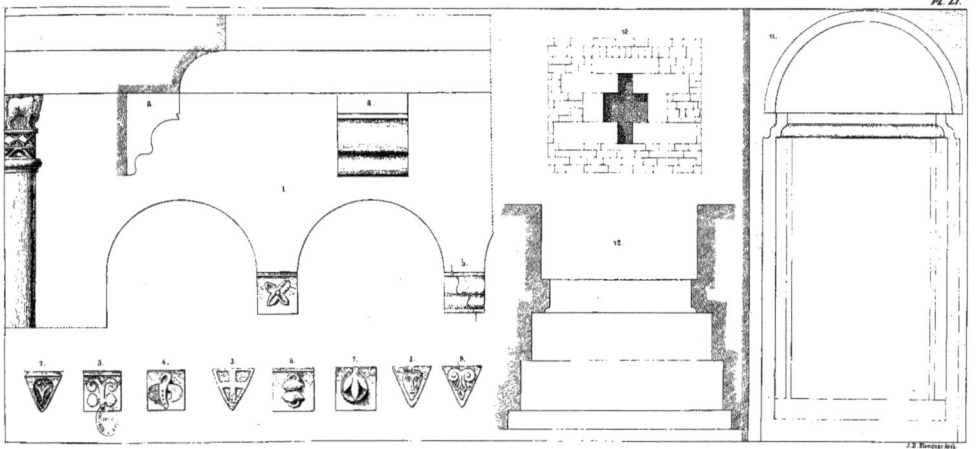

DÉTAILS DE L'ÉGLISE ABBATIALE DE PAYERNE.

J.B. Mérigeau Arch.

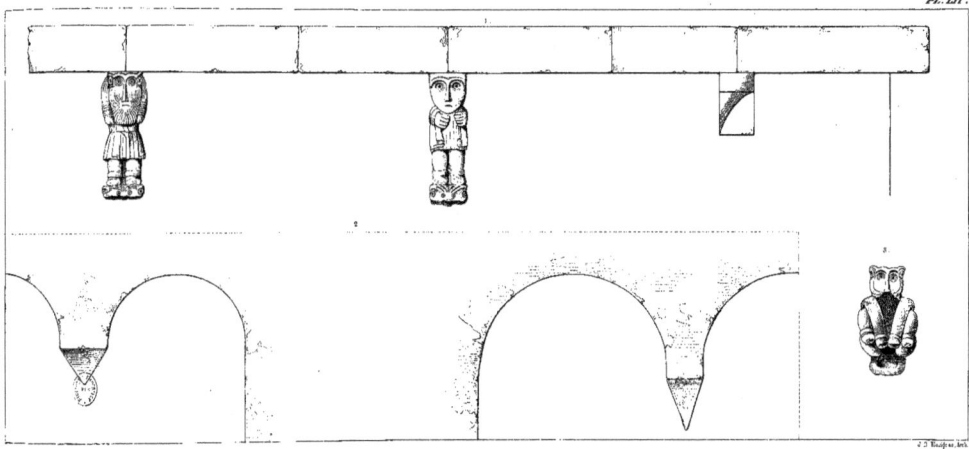

J.J. Rudigen, del.

DÉTAILS DE L'ÉGLISE ABBATIALE DE PAYERNE.

Pl. LIII.

DÉTAILS DE L'ÉGLISE ABBATIALE DE PAYERNE.

J. D. Blavignac Arch.

DÉTAILS DE L'ÉGLISE ABBATIALE DE PAYERNE.

Pl. LV.

DÉTAILS DE L'ÉGLISE ABBATIALE DE PAYERNE.

J. D. Blavignac, Arch.

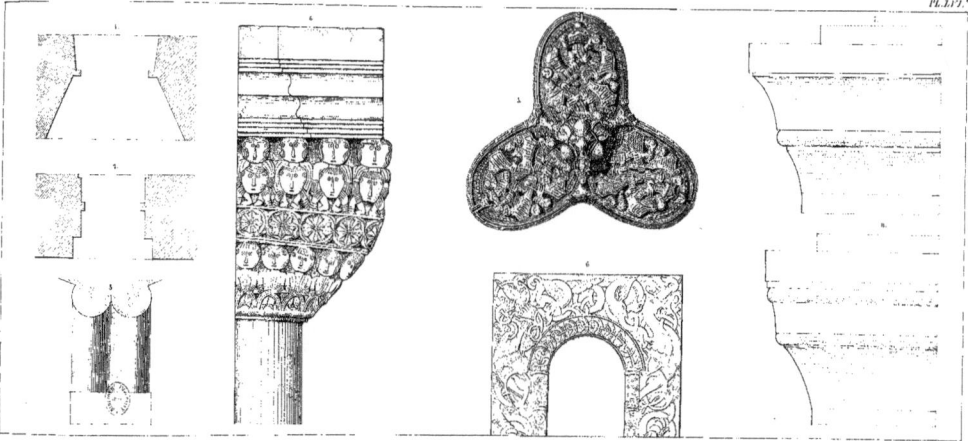

DÉTAILS DE L'ÉGLISE ABBATIALE DE PAYERNE

J. Rouargue, imp.

DÉTAILS DE L'ÉGLISE   NOTRE-DAME DE VALÈRE.

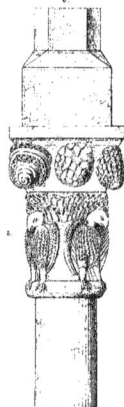

J. D. Bougeau, lith.

DÉTAILS DE L'ÉGLISE NOTRE-DAME DE VALÈRE.

DÉTAILS DE L'ÉGLISE NOTRE-DAME DE VALÈRE.

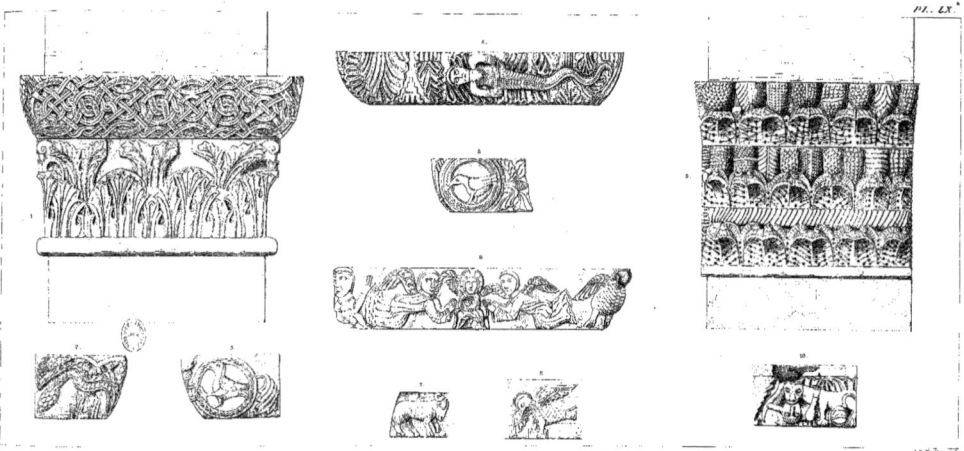

DÉTAILS DE L'ÉGLISE NOTRE-DAME DE VALÈRE.

J. S. Mœll. sc. lith.

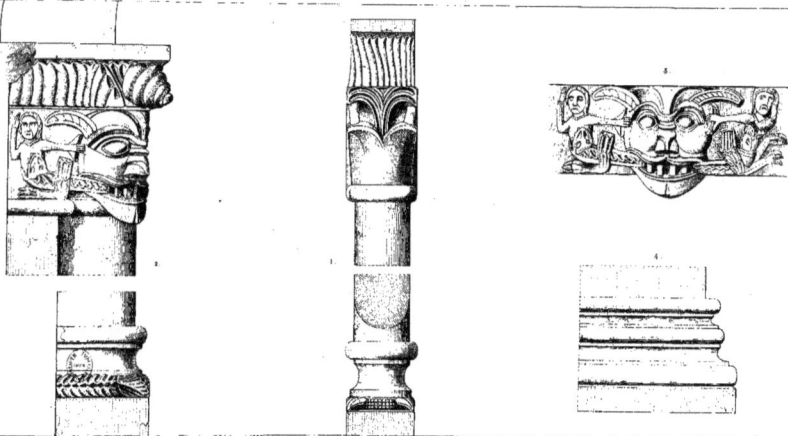

DÉTAILS DE L'ÉGLISE NOTRE-DAME DE VALÈRE.

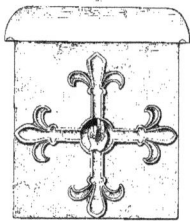

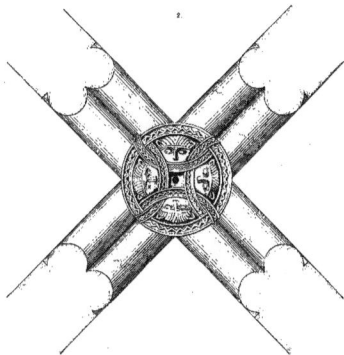

DÉTAILS DE L'ÉGLISE NOTRE-DAME DE VALÈRE.

Pl. LXIII.

DÉTAILS DE L'ÉGLISE NOTRE-DAME DE VALÈRE.

FRAGMENTS TIRÉS DE DIVERS MONUMENTS.

J. I. Bonifacier del.

Pl. LXV

DÉTAILS DE LA CATHÉDRALE DE GENÈVE.

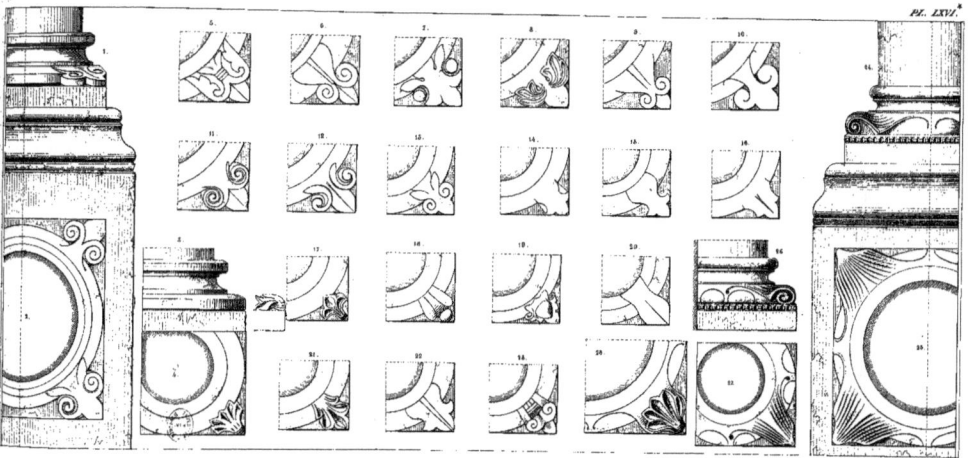

DÉTAILS DE LA CATHÉDRALE DE GENÈVE.

Pl. LXVII.*

DÉTAILS DE LA CATHÉDRALE DE GENÈVE.

J. L. Manguat Arch.

DÉTAILS DE LA CATHÉDRALE DE GENÈVE.

DÉTAILS DE LA CATHÉDRALE DE GENÈVE.

DÉTAILS DE LA CATHÉDRALE DE GENÈVE.

FILIA. he   HeRODeS   ReX

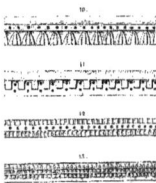

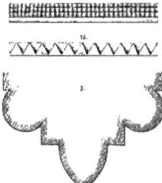

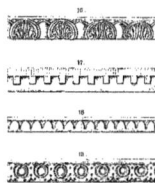

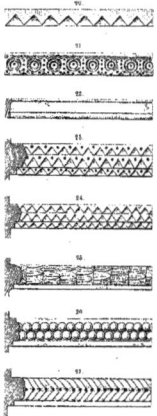

DÉTAILS DE LA CATHÉDRALE DE GENÈVE.

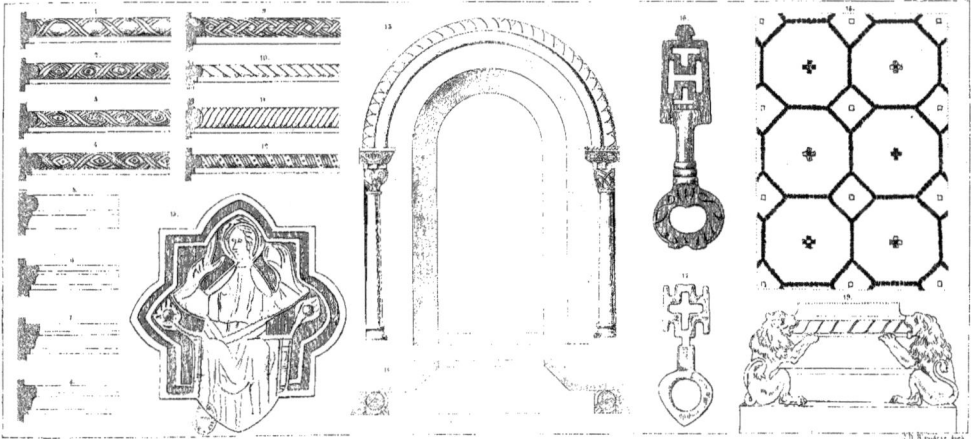

DÉTAILS DE LA CATHÉDRALE DE GENÈVE ET FRAGMENTS TIRÉS DE DIVERS MONUMENTS.

J. D. Blavignac. Arch.

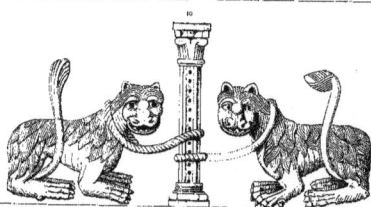

DÉTAILS DE LA CATHÉDRALE DE GENÈVE.

Pl. LXXIII.

CHIMERA

DÉTAILS DE LA CATHÉDRALE DE GENÈVE.

ICONOGRAPHIE DU DIABLE.

J.B. Bloviguat. Arch.

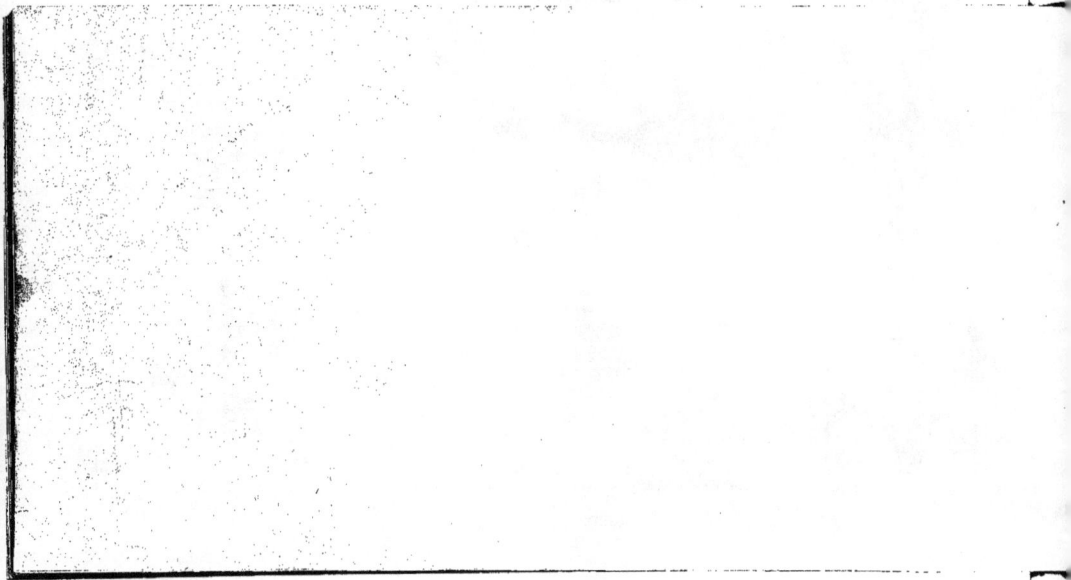

POUR ÊTRE COMPLET, CET ATLAS DOIT SE COMPOSER DE

QUATRE-VINGT-DEUX PLANCHES

DISPOSÉES COMME SUIT :

1. I'	17. XI'	34. XXVII'	50. XLIII'	67. LX'
2. II'	18. XII'	35. XXVIII'	51. XLIV'	68. LXI'
3. II' bis	19. XII' bis	36. XXIX'	52. XLV'	69. LXII'
4. III'	20. XIII'	37. XXX'	53. XLVI'	70. LXIII'
5. III' bis	21. XIV'	38. XXXI'	54. XLVII'	71. LXIV'
6. IV'	22. XV'	39. XXXII'	55. XLVIII'	72. LXV'
7. V'	23. XVI'	40. XXXIII'	56. XLIX'	73. LXVI'
8. VI'	24. XVII'	41. XXXIV'	57. L'	74. LXVII'
9. VII'	25. XVIII'	42. XXXV'	58. LI'	75. LXVIII'
10. VII' bis	26. XIX'	43. XXXVI'	59. LII'	76. LXIX'
11. VII' ter	27. XX'	44. XXXVII'	60. LIII'	77. LXX'
12. VIII'	28. XXI'	45. XXXVIII'	61. LIV'	78. LXXI'
13. VIII' bis	29. XXII'	46. XXXIX'	62. LV'	79. LXXII' bis
14. IX'	30. XXIII'	47. XL'	63. LVI'	80. LXXII'
15. X'	31. XXIV'	48. XLI'	64. LVII'	81. LXXIII'
16. X' bis	32. XXV'	49. XLII'	65. LVIII'	82. LXXIV'
	33. XXVI'		66. LIX'	

La légende explicative de ces planches se trouve dans le volume de texte, page 525 et suivantes.

DOMINI◦MANET◦IN ◦ ◦ ◦ ◦ ◦ ◦ ◦ AETERNUM

TYPOGRAPHIE

Lithographie Kümj., à Genève. | GENTON, VORUZ ET VINEY,   Lithographie Spengler, à Lausanne.

& LAUSANNE.

www.ingramcontent.com/pod-product-compliance
Lightning Source LLC
Chambersburg PA
CBHW072038090426
42733CB00032B/1880